JARDIN ZOOLOGIQUE D'ACCLIMATATION

ACHANTIS

0³ⁿ
95

Prix : 5 Centimes

la Librairie du Jardin Zoologique d'Acclimatation

PARIS

Jardin Zoologique d'Acclimatation

DE PARIS

14ᵉ EXHIBITION ETHNOGRAPHIQUE

LES

ACHANTIS

DE L'AFRIQUE EQUATORIALE

SEPTEMBRE 1887

PARIS

PALLET, GÉRANT DE L'IMPRIMERIE DUBUISSON ET Cⁱᵉ

5, RUE COQ-HÉRON, 5

1887

Édition **A.** — *Tirage à* **20,000** *Exemplaires.*

GRAND DÉPOT

PARIS — 21, Rue Drouot, 21 — PARIS

SERVICES DE TABLE ET DESSERT

SERVICES A THÉ ET A CAFÉ

Garnitures de Toilette

VASES, JARDINIÈRES, FAÏENCES DÉCORATIVES

CRISTAUX pour SERVICES de TABLE

VERRES D'EAU, CAVES & CABARETS A LIQUEURS

Garnitures de Cheminées, Pendules, Lampes, etc.

PETITS MEUBLES, FAÏENCE ET BOIS NOIR

PLAQUES, VASES & PLATS DÉCORATIFS

Cache-Pots, Pied bois noir, Sièges de jardins, etc.

N. B. — Tous les articles énoncés ci-dessus sont reproduits avec leurs formes, leurs nuances, leurs dimensions, leurs prix, dans des CATALOGUES-ALBUMS coloriés, qui sont envoyés *franco* contre un mandat-poste de dix francs, remboursable à la première Commande dépassant cent francs.

NOMS DES ACHANTIS

DE COUMASSIE

UMQUE LANTOBA, 31 ans, guerrier.

KOAKU, 26 ans, orfèvre.

JOBBI, 26 ans, guerrier.

TIO, 17 ans, cuisinier de la troupe.

KAKARI, 26 ans.

GUASSIBA, femme, 19 ans.

SAYA, femme, 21 ans.

BUNDIGER, fille, 16 ans.

NANNSI, fille, 17 ans.

DE KOKOFOU

GOTTO, guerrier, 19 ans.

DOANG, guerrier, 21 ans.

GONNI, guerrier, 26 ans.

YAN, guerrier, 30 ans.

JABA, femme.

5 NATURELS DE LIBÉRIA

**Pendant l'exhibition des Achantis
au Jardin d'Acclimatation**

LE

CAFÉ-RESTAURANT DE LA TERRASSE

74, Avenue de la Grande-Armée

DEHOUVE aîné, Propriétaire

est tout indiqué aux visiteurs, tant par son
excellente réputation, que par sa proximité du
chemin de fer de Ceinture et de la ligne
d'omnibus Porte-Maillot — Hôtel de Ville.

DÉJEUNERS ET DINERS
A LA CARTE

MAISON SPÉCIALE POUR NOCES, BANQUETS

La Maison DEHOUVE offre gratuitement aux mariés et à
leurs invités des billets pour le Jardin d'Acclimatation.

REPAS DE FAMILLE, DE PREMIÈRE COMMUNION
ET DE BAPTÊME

SALLE DE BAL POUR NOCES

Café, Billards, Jardin, Vérandas, Écurie et Remise

VOITURES A VOLONTÉ

Téléphone à la disposition des Clients

JARDIN ZOOLOGIQUE D'ACCLIMATATION
DU BOIS DE BOULOGNE

UNE VISITE
AUX ACHANTIS

PAR

FULBERT-DUMONTEIL

Rien de pittoresque et d'attrayant, d'instructif et de curieux comme cette nouvelle exhibition ethnographique du Jardin d'Acclimatation devenu, pour ainsi dire, le kaléidoscope vivant où passent tour à tour, dans une sorte de mirage exotique, les types les plus étranges et les plus rares des peuples lointains, les spécimens les plus intéressants d'une humanité primitive ou décadente.

C'est ainsi qu'après les Nubiens et les Esquimaux, les Galibis et les Kalmoucks, les Fuégiens, les Gauchos, les Lapons, les Araucans, les Peaux-Rouges, les Cynghalais, Paris voit défiler dans son jardin de prédilection les fameux Achantis de

ÉDITION NATIONALE

DES

ŒUVRES ILLUSTRÉES DE VICTOR HUGO

Émile TESTARD & Cie, éditeurs, 10, rue de Condé, Paris

L'**Édition nationale** des **Œuvres complètes de Victor Hugo** doit, dans la pensée de ses créateurs, permettre à la France de se présenter aux grandes assises de la prochaine Exposition Universelle avec un incomparable monument de son génie littéraire, artistique et industriel au XIXᵉ siècle.

Au point de vue littéraire : *Victor Hugo*. — Au point de vue artistique, comme illustrateurs et graveurs, toute la pléiade des maîtres français, l'honneur et la gloire de notre pays. — Au point de vue industriel, la merveilleuse réunion, dans un seul ouvrage, de tous les progrès apportés, depuis quelques années, dans la fabrication des livres de grand luxe. Cette splendide édition des *Œuvres illustrées de Victor Hugo* formera une quarantaine de volumes in-4°, de 5 fascicules chacun, soit environ 200 fascicules.

Prix de chaque fascicule sur beau papier vélin : **6** fr.
Soit, prix du volume broché : **30** fr.

L'illustration comprendra : 5 portraits du poète, gravés à l'eau-forte ou au burin; 250 grandes eaux-fortes hors texte; et plus de 2,500 vignettes en taille douce, imprimées à mi-page dans le texte.

Chaque volume comprend cinq ou six grandes illustrations à l'eau-forte et autant de vignettes à mi-page qu'il y a de poésies, d'actes ou de chapitres dans le volume. Le volume est divisé en 5 fascicules, et un fascicule est publié chaque quinzaine.

Les admirateurs de Victor Hugo sont ainsi assurés d'avoir une *Edition monumentale* des *œuvres complètes* de notre grand poète.

VOIR PAGE 8 LA LISTE DES VOLUMES DÉJA PUBLIÉS

l'Afrique occidentale, assiste à leurs cérémonies, à leurs jeux, à leurs luttes, à leurs danses.

Grands et vigoureux, agiles et bien faits, actifs et vaillants, l'âme ardente et fière, le corps robuste, assoupli par des frictions huileuses et fortifié par d'incessantes ablutions ; guerriers redoutables avant tout, artisans ingénieux, tisserands et teinturiers adroits, potiers habiles, pêcheurs et bergers, armuriers remarquables, orfèvres délicats, grands forgerons de fer, travaillant l'or, l'argent et les pierres précieuses, commerçants rusés, intelligence vive et cœur chaud, parlant une langue harmonieuse et sonore aux poétiques images ; mais adonnés à toutes les superstitions, à toutes les cruautés, à toutes les sorcelleries aveugles, à toutes les extravagances d'un fétichisme sanglant, ne célébrant aucune fête sans d'épouvantables sacrifices humains, et se présentant ainsi sur le seuil de la civilisation, les mains, les bras, la poitrine couverts de tant de sang que les eaux du Volta africain ne saurait l'effacer.

Tels sont les Achantis, un des peuples les plus intelligents et les plus braves, les plus curieux et les plus civilisés du mystérieux continent noir.

Très simple le costume de l'Achanti : une large ceinture en peau de bête, un pan d'étoffe aux vives couleurs ; mais au cou, aux mains, aux bras, aux chevilles une orgie, un éblouissement de colliers bizarres en griffes et en dents d'animaux, de boucles, de bagues, de bracelets aux reflets éclatants, tranchant avec une brutale élégance sur l'ébène des peaux africaines.

Chevelure crépue et teint de bronze ; mais des yeux magnifiques, les lèvres et le nez d'une cor-

Emile TESTARD et Cᵉ, éditeurs, 10, rue de Condé à Paris

ÉDITION NATIONALE DES

ŒUVRES ILLUSTRÉES DE VICTOR HUGO

Volumes déjà publiés par l'édition nationale

POÉSIES

TOME I. *Odes et Ballades.* — Illustrateurs : MM. GER-
VEX, BAYARD, Hector LEROUX, Jules GARNIER, etc.

TOME II. *Orientales.* — *Feuilles d'Automne.* — Illustrateurs : MM. BENJAMIN-CONSTANT, BOULANGER, BER-
TON, BAUDOUIN, RANVIER, etc.

TOME III. *Chants du Crépuscule.* — *Voix intérieures.* —
Rayons et Ombres. — Illustrateurs : MM. CARRIER-
BELLEUSE, DELOBBE, PINCHART, DEBAT-PONSAN,
MENGIN, etc.

TOME IV. *Les Châtiments.* — Illustrateurs : MM. F.
FLAMENG, Léon GLAIZE, COMERRE, J. FERRY, DA-
LOU, etc.

TOMES V et VI. *Les Contemplations* (t. I et II).— Illus-
trateurs : MM. FRANÇAIS, DUEZ, DAGNAN-BOUVE-
RET, COURTOIS, DESCHAMPS, A. MOREAU, BROUILLET,
Emile LÉVY. R. COLLIN, TONY ROBERT, FLEURY, etc.

TOMES VII à X. *La Légende des Siècles* (t. I. II. III et IV).
— Illustrateurs : MM. CABANEL, DUPAIN, COURTAT,
J.-P. LAURENS. A. de RICHEMONT, ROCHEGROSSE,
GÉRÔME, RACHOU, RIBOT, CORMON, BLANCHON, HEN-
NER, A. MERCIÉ, RODIN, LE BLANT, DOUCET, Emile
ADAN, Jules LEFEBVRE, Urbain BOURGEOIS, etc.

THÉÂTRE

TOME I. *Cromwell.* — Illustrateurs : MM. BORDES
et Henri PILLE.

TOME II. *Hernani.* — *Marion de Lorme.* — *Le Roi S'a-
muse.* — Illustrateurs : MM. BIDA, Adrien MOREAU,
et Maurice LELOIR.

TOME III. *Lucrèce Borgia.* — *Marie Tudor.* — *Angelo.*
— Illustrateurs : Albert MAIGNAN, MOREAU (de
Tours) et Henri MARTIN.

TOME IV. *La Esmeralda,* — *Ruy-Blas.* — *Les Bur-
graves.* — Illustrateurs : MM. LALAUZE, Lucien MÉ-
LINGUE et ROCHEGROSSE.

Le *Théâtre* est complet en 4 volumes.— Les 5 *derniers volumes*
de *Poésies* seront publiés en 1888. — En 1889 commencera la
publication des *Romans* par NOTRE-DAME-DE-PARIS, volume
qui sera merveilleusement illustré par M. *Luc-Olivier Merson.*

*Il sera répondu à toute demande de renseignements adressée
affranchie à* MM. E. TESTARD ET Cᵉ, éditeurs, 10, rue de
Condé, à Paris. *Demander le Prospectus illustré.*

rection relative, faisant croire à quelques croise-
ments avec le Maure et le Berbère.

KAKARI

Très soigneuse de ses charmes et bien tournée,
la femme Achantie est fort coquette dans sa grâce

barbare. Les bijoux sont sa passion bien naturelle dans un pays d'orfèvres et de forgerons. Que celles de vous, Mesdames, qui est sans péché lui jette la première pierre…. précieuse. L'Achantie l'ajoutera, d'un tour de main, à son collier.

Les guerriers se distinguent par une coiffure assez singulière, toute spéciale, pareille à une couronne de peau de bête, avec deux grandes cornes sur les côtés du front. Ils en sont très fiers de ces cornes imposantes qui n'ont rien d'humiliant : tout guerrier achanti est voué au célibat.

Chez ce peuple curieux le gouvernement est absolument militaire et le pouvoir du roi d'une tyrannie sans égale. Il dispose de la vie et des biens de tous. A vrai dire, c'est le seul propriétaire du royaume : ce qu'il désire, il le prend ; ce qu'il convoite, il l'a. Les pauvres ne comptent pas ; mais un Grand lui semble-t-il trop riche, il confisque ses biens ; devient-il gênant, il lui fait dire de « s'en aller », c'est-à-dire de se suicider. Il pousse quelquefois la courtoisie jusqu'à lui envoyer du poison ou un glaive irréprochablement effilé. Si le courtisan recule, il est noyé en compagnie d'un chien qui l'accompagnera dans une Afrique meilleure. L'héritier, c'est le roi. En cas de guerre, les membres d'un grand conseil sont appelés à donner leur avis presque toujours complaisant.

Le roi habite Coumassie, une capitale de cent mille habitants et de sept lieues de tour, qui se défendit si vaillamment contre les Anglais en 1873, cité beaucoup moins remarquable par ses édifices que par ses pyramides de crânes humains.

L'Achanti pauvre est monogame, sans doute

LE BUFFET

DU

JARDIN ZOOLOGIQUE D'ACCLIMATATION

EST SITUÉ

A L'INTÉRIEUR DE L'ÉTABLISSEMENT

VIS-A-VIS LE KIOSQUE DES CONCERTS

CONSOMMATIONS DE 1ᵉʳ CHOIX

DÉJEUNERS A PRIX MODÉRÉS

Le Buffet du Jardin zoologique d'Accli-matation se recommande par son confortable, sa cave de premier ordre et sa bonne tenue.

Les visiteurs du Jardin d'Acclimatation qui voudront voir les Achantis le matin, avant l'arrivée de la grande foule, trouveront AU BUFFET d'excellents DÉJEUNERS, à des PRIX MODÉRÉS.

Le Dimanche et le Jeudi, on peut, des ter-rasses du Buffet, entendre le concert dirigé, par M. L. Mayeur, de l'Opéra.

par nécessité. Les Grands ont parfois jusqu'à vingt épouses; quant au roi, il en compte modestement 3,333, chiffre fatidique et prescrit qui ne varie jamais.

A la mort du roi, le pouvoir suprême n'est jamais transmis à l'un de ses enfants; il passe toujours au fils aîné d'une sœur ou à tout autre neveu.

Lorsqu'un Grand du royaume vient à rendre l'âme, on enterre avec lui un certain nombre d'esclaves, d'amis et de parents pour lui tenir compagnie.

C'est alors une fuite générale dans les champs et les forêts, un horrible steeple-chase où les malheureux fugitifs sont presque toujours pris. Ils feront cortège au défunt, après avoir été décapités.

On comprend sans peine que la mort d'un Grand soit toujours un deuil public.

Quand c'est le roi qui meurt, ce sont de véritables hécatombes humaines, des flots de sang dans les rues de Coumassie, des sacrifices odieux dépassant toutes les bornes de l'horreur. Tout ce sang ne saurait pourtant lui rendre ses fétiches et sa couronne.

Parlons de la femme Achantie. Elle n'est pas tenue en servage et en mépris comme les femmes des autres peuplades de l'Afrique sauvage. Sauf que le mari peut la vendre un prix honnête, elle a, dans la maison, sa part d'importance et d'autorité.

Il n'est pas rare qu'un chef, obligé de s'absenter, confie à sa femme la direction de ses affaires. Elle règne et commande, en abuse quel-

Chemins de fer de l'Ouest et de la Ceinture

PRIX DES PLACES (billets simples) par chemin de fer des gares ci-dessous

à NEUILLY-PORTE-MAILLOT

GARES de DÉPART	1re cl.	2e cl.	GARES de DÉPART	1re cl.	2e cl.
1° LIGNE DE PARIS A AUTEUIL			**4° LIGNE DE SAINT-GERMAIN**		
Paris (St-Lazare).	0.40	0.30	Asnières	0.85	0.45
Batignolles	0.30	0.20	Nanterre.........	1.10	0.90
Courcelles-Levallois	0.30	0.20	Rueil............	1.10	0.90
Avenue du Bois-			Chatou	1.65	1.15
de-Boulogne ...	0.30	0.20	Saint-Germain...	1.75	1.45
Av. du Trocadéro.	0.30	0.20			
Passy	0.30	0.20	**5° LIGNE D'ARGENTEUIL**		
Auteuil.........	0.30	0.20	Bois de Colombes.	0.95	0.55
2° LIGNE DE CEINTURE (R.D. & R.G.)			Colombes	1.20	0.65
			Argenteuil......	1.30	0.80
Point-du-Jour....	0.35	0.25			
Grenelle	0.45	0.30	**6° LIGNE DE VERSAILLES (R.D.)**		
Vaugirard-Issy..	0.45	0.30	Saint-Cloud......	0.90	0.65
Ouest-Ceinture..	0.45	0.30	Ville-d'Avray....	1.40	0.95
Montrouge	0.55	0.35	Viroflay (R. D.).	1.75	1.40
La Glacière-Gentilly....	0.55	0.35	Versailles (R. D.).	1.75	1.45
Maison-Blanche..	0.55	0.35			
Orléans-Ceinture	0.65	0.40	**7° LIGNE DE SAINT-CLOUD A L'ÉTANG-LA-VILLE**		
La Rapée-Bercy.	0.65	0.40			
Bel-Air..........	0.65	0.40	Garches.........	1.10	0.90
Avenue de Vin-			Bougival-la-Celle-		
cennes	0.55	0.35	St-Cloud	1.95	1.25
Charonne	0.55	0.35	Louveciennes....	1.95	1.45
Ménilmontant....	0.55	0.35	Marly-le-Roi.....	2.10	1.45
Belleville-Villette......	0.55	0.35	L'Etang-la-Ville.	2.25	1.60
Pont de Flandre.	0.45	0.30			
Est-Ceinture.....	0.45	0.30	**8° LIGNE DE VERSAILLES (R. G.)**		
La Chapelle-Nord-					
Ceinture	0.45	0.30	Paris-Montparnasse....	0.65	0.40
Boulev. Ornano..	0.35	0.25	Clamart..........	0.90	0.65
Aven. de St-Ouen.	0.35	0.25	Meudon	1 »	0.75
Aven. de Clichy..	0.30	0.20	Bellevue.........	1.15	0.80
3° LIGNE DU CHAMP-DE-MARS			Sèvres...........	1.25	0.85
Le Champ-de-Mars	0.65	0.40	Versailles (R. G.).	1.75	1.45

quefois. Partant en guerre, un chef remit un jour
à son épouse la plénitude de ses pouvoirs. La

SAYA

dame y prit goût. Au retour du chef, elle le fait
prisonnier, l'accuse, le juge, le condamne et l'exé-

CHEMINS DE FER DE L'OUEST
JARDIN D'ACCLIMATATION. — BOIS DE BOULOGNE
Service des Trains sur la Ligne de PARIS (Saint-Lazare) à AUTEUIL

PARIS (St-Lazare) à COURCELLES, NEUILLY AUTEUIL				AUTEUIL, NEUILLY, COURCELLES à PARIS (St-Lazare)			
DÉPARTS de Paris, St-Laz.	ARRIVÉES à Courcelles	ARRIVÉES à Neuilly	ARRIVÉES à Auteuil	DÉPARTS d'Auteuil	DÉPARTS de Neuilly	DÉPARTS de Courcelles	ARRIVÉES à Paris, St-Laz.
4 45 matin	4 51 matin	4 54 matin	5 7 matin	5 53 matin	6 6 matin	6 9 matin	6 15 matin
5 30 —	5 36 —	5 39 —	5 52 —	6 21 —	6 34 —	6 37 —	6 45 —
6 » —	6 6 —	6 9 —	6 22 —	6 43 —	6 56 —	6 59 —	7 5 —
6 15 —	6 21 —	6 24 —	6 37 —	6 58 —	7 11 —	7 14 —	7 20 —
6 30 —	6 36 —	6 39 —	6 52 —				
6 45 —	6 51 —	6 54 —	7 7 —				
7 » —	7 6 —	7 9 —	7 22 —				
7 15 —	7 21 —	7 24 —	7 39 —				
7 30 —	7 36 —	7 39 —	7 52 —				

AU DÉPART DE PARIS (SAINT-LAZARE) VERS AUTEUIL

De 7 30 à 9 15 du matin. — **Huit Trains par heure.**
De 9 15 du matin à 4 45 du soir. — **Quatre Trains par heure,**
espacés d'un quart d'heure.
De 4 45 à 7 30 du soir. — **Huit Trains par heure.**
Départs à 7 h. 30, 7 h. 45 et 8 h. soir.
De 8 h. à 11 30 du soir. — **Deux Trains par heure,**
partant de Paris à l'heure et à la 1/2.

AU DÉPART D'AUTEUIL VERS PARIS (SAINT-LAZARE)

De 6 58 à 9 43 matin. — **Huit Trains par heure.**
De 9 43 matin à 3 13 soir. — **Quatre Trains par heure,**
espacés d'un quart d'heure.
De 3 13 à 6 43 soir. — **Huit Trains par heure.**
De 6 43 à 9 58 soir. — **Quatre Trains par heure,**
espacés d'un quart d'heure.
De 9 58 à 11 28 soir. — **Deux Trains par heure,**
partant d'Auteuil à l'heure 28 et 58.

12 10 nuit	12 16 nuit	12 19 nuit	12 32 nuit	12 3 nuit	12 16 nuit	12 19 nuit	12 25 nuit
12 40 —	12 46 —	12 49 —	1 2 mat.				

NOTA. — Les **Dimanches et jours de Fête**, il ne circule que **quatre Trains réguliers** par heure dans les périodes où il y en a huit en semaine. — Des **Trains supplémentaires** ont lieu selon les besoins du service.

cute elle-même; puis, elle donne sa main au frère du défunt, charmé d'épouser une femme aussi distinguée.

La loi pourtant n'est pas défavorable au mari : si sa femme est bavarde, il peut lui couper la langue; si elle écoute aux portes, lui couper l'oreille; si elle « flirte » avec un beau nègre du voisinage, lui couper le cou.

Les Achantis n'y vont pas de main morte. Chez eux il n'est question que de couper, trancher, décapiter. L'adultère est sévèrement puni. La femme est-elle coupable, c'est la mort. Si c'est le mari dont l'infidélité est prouvée, on lui laisse la vie, mais on lui donne la honte. On le fait eunuque. Laissant sa liberté sur le seuil du palais royal, il passe comme gardien dans le sérail et chantera d'une voix douce des ballades africaines aux dames du harem.

Le divorce existe dans le royaume achanti et se pratique d'une façon aussi simple qu'originale : lorsque les époux éprouvent le besoin irrésistible de rompre un lien qui n'a plus de charme, ils prennent un morceau de craie et se font réciproquement une marque blanche sur la joue noire. Tout est dit. Ils sont libres.

Un jour, une dame Achantie, adorée de son époux mais ne le payant pas de retour, résolut d'en finir avec la vie commune. Profitant du sommeil de son mari, elle trace d'une main audacieuse sur la joue de son seigneur et maître une belle marque blanche qu'elle répète hardiment sur son propre visage.

L'époux se réveille, proteste, s'indigne et dénonce aux prêtres ou Mollos l'injurieux strata-

Voir page 48

gème de sa femme qui, convaincue de son outrageante supercherie, est mise à mort.

Entourée des plus grands égards, la Reine-mère fait partie du grand Conseil, donne des avis écoutés, obtient la grâce des condamnés et remplit quelquefois les suprêmes fonctions de régente, jouant ainsi, dans son palais de bambou, à l'Anne d'Autriche et à la Catherine de Médicis.

La mère du roi Kari-Kari était une personne fort distinguée, jouant à merveille du balafon, racontant des légendes ou chantant des poésies populaires, toutes en l'honneur de la race noire. Les malheureux blancs, il faut le dire, n'ont pas le beau côté dans ces contes nègres.

Voici, par exemple, l'histoire charmante, un peu gasconne quoique achantie, du premier homme blanc : Il va sans dire qu'Adam et Ève étaient du plus beau noir, ainsi que leurs enfants Abel et Caïn.

Caïn tue Abel et se cache derrière les cocotiers du voisinage. Dieu le cherche, le découvre et lui dit d'une voix tonitruante : « Caïn ! qu'as-tu fait de ton frère ? » A cette divine apostrophe pleine de colère et de menace, Caïn se met à trembler, pâlit et devient blanc comme la cire des abeilles. Telle est la légende du premier homme blanc, un fratricide !

Jetons un coup d'œil rapide sur le pays achanti lui-même, au sol riche et fécond, aux sites merveilleux.

Voisin de la côte de l'Ivoire et de la côte de l'Or, noms féeriques, le royaume des Achantis excite l'admiration du voyageur par la variété de ses richesses et la magnificence de la nature.

GRANDE FABRIQUE DE VOITURES D'ENFANTS

JOUETS ET VÉLOCIPÈDES

CONSTRUCTION SPÉCIALE SUR DEMANDE

DUHOTOY FILS

Breveté S. G. D. G.

115 et 117, rue Saint-Maur, Paris

NOMBREUSES MÉDAILLES D'OR

TÉLÉPHONE

Spécialité de petites voitures à atteler à ânes, moutons, poneys, chèvres, etc.

COMMISSION	EXPORTATION
Voitures d'enfants	Voitures de malades

Fabrication garantie

Vélocipèdes pour hommes et enfants

TOUTES TAILLES

Chevaux mécaniques

à deux et trois roues

Ici, la canne à sucre, le dattier, l'oranger, l'ananas aux buissons odorants et pressés ; le fruit succulent du plantanier, le cocotier, le bananier, le *bessé*, un fruit exquis et précieux de la plus

ROYAUME DES ACHANTIS

grande importance alimentaire, exporté par les Achantis jusque dans l'Afrique centrale, d'où ils rapportent en échange des richesses ignorées.

Là c'est le millet, le maïs, le manioc, l'igname,

LIBRAIRIE SPÉCIALE

DU

Jardin Zoologique d'Acclimatation

On trouve à la librairie du Jardin zoologique d'Acclimatation, les publications traitant d'agriculture, de zootechnie, d'histoire naturelle, de voyages, d'économie industrielle et domestique édités chez les différents libraires de Paris ou de l'étranger.

Dans les vitrines de la librairie du Jardin zoologique d'Acclimatation, on peut embrasser, d'un coup d'œil, ce qui a été publié sur les sujets se rattachant à l'acclimatation des animaux et des plantes et éviter ainsi de longues recherches dans les catalogues.

Le catalogue de la librairie (comme tous ceux du Jardin zoologique d'Acclimatation) est envoyé franco en réponse à toute demande affranchie.

Pour la province, toute commande au-dessus de 20 francs est envoyée franco de port. Toutes les demandes doivent être accompagnées d'un mandat sur la poste en soldant le montant.

CABINET DE LECTURE

Le bâtiment de la librairie contient un *cabinet de lecture* où les journaux de Paris, les Revues et les publications diverses sont mis à la disposition des visiteurs.

On trouve à la librairie du Jardin d'Acclimatation la collection complète des photographies des différentes exhibitions ethnographiques.

le riz, le coton, le caféier appelé par l'indigène l'*Arbre d'or* et le palmier, l'*Arbre Providence* de cette région où il prodigue le *tombo*, excellent vin de palme, une huile précieuse, un savon parfait qui ne saurait, hélas! blanchir les épaules d'ébène des dames Achanties.

Plus loin, l'arbre à beurre, l'arbre à lait, l'arbre à liqueur, enfin un autre palmier, le *dum* de la haute Égypte, venu là on ne sait comment, arbre béni, planté, dit-on, par le grand fétiche Tano lui-même. Cet arbre n'est-il pas tout, en effet? C'est le toit qui abrite et le panier où s'entassent les récoltes, la corbeille élégante qu'embaument les fruits, le chapeau léger qui protège l'indigène contre un soleil de feu, le bâton qui soutient le vieillard, la natte où l'on dort, le meuble où l'on garde ses richesses et ses parures; c'est une foule d'objets utiles ou charmants, instruments de cuisine ou de musique, cruches originales et fétiches de poches, pipes élégantes, outils mignons et petits dieux d'étagère.

Dans les villages achantis, on entend glousser les poules et claironner les coqs, crier la pintade et grogner le porc africain, bêler de grands moutons aux longs poils soyeux, chevroter, le long des buissons de mimosas, des chèvres mignonnes, ressource des caravanes, « manger de prince et cadeau de roi. » Devant les huttes se promène une espèce de chien bizarre et muet, n'aboyant jamais, mais dont la chair délicate est très recherchée. Dans les champs, des petits bœufs, des petits zébus à l'allure vive et coquette, trottinant, galopant sous un cavalier noir au grand parasol jaune. Dans les hautes herbes aux délicieux par-

LE

Jardin Zoologique d'Acclimatation

Met à la disposition du public, à des prix modérés, la plupart des végétaux exposés dans ses serres.

Ces plantes vertes, Aspidistra, Azalées, Phormium et Palmiers (Areca, Corypha, Chamœrops, Dracœna, Kentia, Latania, Phœnix, etc.) sont cultivées au *Jardin d'Acclimatation de Hyères (Var)*, d'où l'Administration les fait venir à Paris à des époques déterminées.

Ces végétaux se recommandent par leur vigueur. Ils ont été cultivés en plein air, et ont résisté au soleil du midi et aux grands vents de la Provence. On ne saurait donc comparer leur rusticité à celle des plantes généralement étiolées obtenues par la chaleur artificielle, dans les serres du Nord.

Les plantes du Jardin d'Acclimatation sont livrées, sans frais, au domicile de l'acheteur dans Paris.

fums, paissent de rares et très petits chevaux, qui semblent des montures de Lilliput.

Fruits, plantes, animaux, ne manquent pas aux Achantis ; mais la grande richesse du pays, c'est l'ivoire et l'or. L'or, qui a donné son nom prestigieux à la *côte de l'or*, qui se trouve dans ces contrées à l'état de lingots, de pépites et de poudre convoitée, servant de monnaie courante parmi les peuplades de l'Afrique barbare.

L'ivoire précieux et chassé à outrance qui, lui aussi, a dénommé les forêts profondes de *la côte de l'ivoire*, cette sœur rivale en richesses de la côte de l'or. C'est, en effet, par millions, qu'il se fait chaque année, dans les forêts africaines, un commerce établi de défenses prodigieuses par leur poids et leur grandeur, si bien qu'on est en droit de se demander si, dans un demi-siècle, l'éléphant africain n'ira pas rejoindre le mastodonte et le mammouth dans la nuit des âges, laissant après lui, sur cette terre, l'admirable éléphant indien, ce merveilleux auxiliaire de l'homme, dont les visiteurs du Jardin zoologique d'Acclimatation ont pu admirer, en 1886, l'intelligence et la docilité pendant l'exhibition des Cynghalais.

Dans les forêts vierges, les ravins et les collines sauvages, se font entendre le rugissement du lion, les miaulements des panthères et des léopards, les sanglots du chacal et les ricanements lugubres des hyènes. Sur les bords des fleuves, d'énormes crocodiles traînent leur dos livide et cuirassé, l'hippopotame élève à la surface des eaux sa tête monstrueuse, et le buffle sauvage, le rhinocéros, les gracieuses antilopes aux cornes fantastiques, que guette un boa de seize pieds,

VUE D'UN VILLAGE (KOKOFOU)

JARDIN ZOOLOGIQUE D'ACCLIMATATION

EXPOSITION INDUSTRIELLE PERMANENTE

L'Exposition industrielle permanente réunit les produits et instruments divers relatifs à l'élevage des animaux, à la culture des plantes, et à l'ornementation des Parcs et Jardins.

Le public rencontre dans les différentes parties de cette Exposition permanente, les spécimens les plus perfectionnés de la fabrication des principales maisons de France. Le matériel zoologique et horticole est représenté là par les instruments les plus divers.

Des modèles de kiosques, des treillages, des tentes, des appareils de gymnastique, des installations d'écuries modèles se trouvent exposés à côté des pompes les plus perfectionnées, des bacs les plus élégants, des outils de toutes sortes.

Le propriétaire et l'amateur peuvent acquérir sur place les objets exposés ou, s'ils le préfèrent, s'adresser aux fabricants eux-mêmes.

viennent se désaltérer côte à côte, dans un sentiment de béatitude et de paix momentanée.

Sur la lisière d'un bois profond passe, appuyé sur une branche d'arbre, un chimpanzé, caricature saisissante et mystérieuse de l'homme ; adossé à quelque roche moussue, le *singe noir à barbe blanche*, semble un vieillard des bois perdu dans des rêveries inconnues, et le singe gris, aux longs poils soyeux, fourrure admirable, gambade et cabriole au faîte des palmiers.

Au pied de l'arbre passe un nègre, fuyant une invasion de fourmis qui s'avancent en colonnes grouillantes et serrées, de quinze mètres de large et de deux cents pieds de long.

A sa main, il porte un chat-tigre, encore sanglant, dont la peau superbe fera un bonnet de bourreau, et un reptile mort, le petit *serpent vert* des Achantis, aux crocs mortels, tout puissant dans les sortilèges et cher aux grands fétiches.

Les Achantis croient à l'immortalité de l'âme, à l'existence d'un dieu souverainement bon, dont ils ne s'occupent aucunement, attendu qu'il est plein d'indulgence et de pitié.

Leurs prières, leurs offrandes, leurs abominables sacrifices, ils les réservent et les prodiguent à un dieu méchant, à un esprit malin qu'ils redoutent fort et qui est partout. Cet esprit malfaisant et grincheux flotte dans l'air, voltige sur les eaux, se balance dans les vapeurs, se cache dans le brouillard et danse dans un rayon de soleil, écoute à la porte des maisons, s'accroupit sur les nattes, ondule dans les jungles, est personnifié dans un crocodile, un singe, un serpent, un vautour.

JARDIN ZOOLOGIQUE

MARSEILLAIS

Succursale du

JARDIN ZOOLOGIQUE D'ACCLIMATATION

DE PARIS

Cet Etablissement renferme une collection d'animaux utiles et d'animaux féroces.

Il sert de lieu de repos pour les expéditions que le Jardin zoologique d'Acclimatation fait dans les pays de l'extrême Orient, en même temps que pour les importations que le même jardin fait des régions baignées par la Méditerranée.

Par sa situation derrière le Palais de Longchamps, il constitue une des plus attrayantes promenades de Marseille.

Ce n'est plus l'esprit qui court les rues de nos villes européennes; c'est l'esprit qui bat la campagne africaine.

Le fétichisme le plus extravagant est la base de la religion achantie. Aux fétiches les plus grotesques et les plus divers, on fait des offrandes bizarres, on immole des victimes humaines, on verse des flots de sang.

Tout est fétiche : ce bois, ce rocher, cet arbre, ce morceau de fer, ce fragment de faïence, ce bouton de guêtre, ce lac, ce buisson, ce coquillage, cette fleur, cette fontaine, cette ruine, cette dent de poisson, cette peau de reptile, cette griffe d'oiseau !

Aux fétiches innombrables, peuplant la nature et sortis des imaginations barbares comme de grotesques pantins d'une boîte à surprise, on n'offre pas toujours des sacrifices humains, mais des poules, des coqs, des chèvres, des fruits, des ragoûts, des friandises, du vin de palmier. Ces offrandes naturalistes, qui rappellent les libations des religions païennes, se font en pleins champs, sur la lisière des bois, au bord des fleuves et des rivières. L'autel est un rocher, un pan de ruines, un tronc d'arbre. Les fauves, les reptiles, les oiseaux de proie et les voleurs sceptiques se chargent de l'offrande appétissante...

Un jour, Bonnat rencontre sur son chemin une chèvre enterrée jusqu'à la barbiche et une malheureuse poularde, clouée vivante à un palmier. Tout à côté, de la poudre d'or. Un vautour tournoyait autour de la chèvre, un serpent monstrueux ondulait vers la poule, un pick-pocket sauvage guettait l'or !

JARDIN ZOOLOGIQUE D'ACCLIMATATION
DU BOIS DE BOULOGNE
ÉCOLE D'ÉQUITATION

Le succès obtenu par les Promenades sur les poneys et les autres animaux mis à la disposition des Visiteurs du Jardin Zoologique d'Acclimatation, a décidé l'administration à ouvrir, en 1874, une *Ecole d'Equitation*.

Les enfants ont touvé, dans un *petit Manège*, des chevaux appropriés à leur taille. Les cavaliers les plus jeunes ont pu prendre de très bonnes leçons, sans avoir à redouter les inconvénients, toujours sérieux, de montures disproportionnées.

Le *petit Manège* a comblé une lacune. Mais, quand ses premiers Elèves sont devenus de grands jeunes gens, il s'est trouvé insuffisant.

Aussi, un *grand Manège* a-t-il été construit en même temps que deux écuries destinées à des chevaux de taille ordinaire.

L'*Ecole d'Equitation* pourra ainsi recevoir, en même temps que les commençants, les élèves ayant déjà l'habitude du cheval.

Les *Dépendances des Manèges* (Tribunes, Vestiaires, Fumoirs, Selleries) ont été aménagées avec soin.

Le *Vestiaire des Dames*, installé au premier étage, est divisé en une série de Cabinets de Toilette confortables.

Une *Tribune spacieuse* permet d'assister simultanément aux leçons données dans les deux Manèges.

PRIX DES LEÇONS ET PROMENADES

Leçons Collectives

Cours élémentaire, 10 cachets............ 35 fr.
Cours supérieur, 10 » .... 50 »

Leçons Particulières

Cours élémentaire, 10 cachets............ 70 fr.
Cours supérieur, 10 » .... 100 »

Promenades Collectives

2 cachets de Leçons collectives, à 3 fr. 50.. 7 fr.

Promenades Particulières
Un élève accompagné d'un professeur

4 cachets à 5 fr...................... 20 fr.

Deux ou plusieurs élèves accompagnés d'un professeur pour chacun

3 cachets à 5 fr......... 15 fr.

L'administration peut mettre à la disposition des Elèves des Omnibus spéciaux pour les amener au Jardin d'Acclimatation et les reconduire à domicile.

VENTE ET LOCATION DE CHEVAUX DE SELLE

Le vautour et le boa étaient peut-être fétiches;
mais le pick-pocket!

Au lieu d'engraisser ces bêtes gloutonnes,
n'était-il pas plus simple de traire la chèvre et
de mettre la poule au pot !

Il se rencontre de faux fétichistes comme il y
a de faux dévots; ce sont alors de curieuses
offrandes, des sacrifices pour rire. D'un beau mou-
ton on abandonne au fétiche le sang et la peau,
mais on garde les côtelettes et le gigot.

« Fétiche puissant et redoutable, voici une pin-
» tade exquise et un plat de *Foutou* succulent
» que je t'offre. Mais, esprit pur, le parfum de
» ces dons doit te suffire ; permets que je garde
» pour moi, vil mortel, ces délices de la bouche.
» L'intention est tout et le grand air de la forêt a
» singulièrement aiguisé mon appétit. »

Un jour, le vaillant et malheureux voyageur
Bonnat, prisonnier des Achantis, découvre parmi
les fétiches du roi Kari-Kari, vrai bric-à-brac
religieux composé des ustensiles les plus grotesques, devinez quoi ? Une bouteille de champa-
gne! Après l'avoir bue, le monarque noir l'adorait,
lui adressait de ferventes prières, la consultait
dans les cas graves et difficiles. De cette bonne
fiole champenoise il avait fait un fétiche de premier ordre, — sans doute en reconnaissance de
la joyeuse ivresse qu'elle lui avait donnée.

Le fétichisme achanti est agrémenté d'une
teinte légère de religion musulmane; mais il est
bien entendu que Mahomet n'est pas digne d'offrir
le *foutou* succulent au grand fétiche Tano, per-
sonnage absolument imaginaire, mais cruellement
avide de sacrifices d'une réalité monstrueuse.

CHEMINS DE FER DU NORD

SAISON DES BAINS DE MER

JUSQU'AU 30 SEPTEMBRE

Billets d'aller et retour valables

DU VENDREDI AU MARDI de chaque semaine

Et exceptionnellement du 12 au 17 août inclus

PRIX AU DÉPART DE PARIS, pour :

	1re cl.	2e cl.		1re cl.	2e cl.
	fr. c.	fr. c.		fr. c.	fr. c.
Le Tréport	33 20	23 60	Wimille-Wimereux	38 60	33 65
Saint-Valery	28 60	25 20	Ambleteuse, Audresselles		
Le Crotoy	30 10	26 05	Wissant (Marquise) . . .	40 »	35 »
Berck (Verton) . . .	33 »	30 45	Calais	44 »	38 35
Etaples	33 50	29 35	Gravelines	45 10	39 40
Boulogne	37 40	32 85	Dunkerque	45 10	39 40

SERVICES DIRECTS ENTRE PARIS ET BRUXELLES

Quatre départs par jour dans chaque sens : Départs de Paris, à 7 h. 50' du matin, 3 h. 50', 6 h. 20' et 10 h. 45' du soir. Arrivées à Bruxelles, à 1 h. 55', 10 h. 25', 11 h. 52' du soir et 5 h. 18' du matin. Départs de Bruxelles, à minuit, 7 h. 30', 9 h. 15' du matin et 1 h. 20' du soir. Arrivées à Paris, à 6 h. 10' du matin, midi 33', 4 h. 58' et 6 h. 25' du soir.

Wagon-salon et wagon-restaurant au train partant de Paris à 6 h. 20' du soir et de Bruxelles à 7 h. 30' du matin.

SERVICES DIRECTS ENTRE PARIS ET LONDRES

TRAJET EN 8 HEURES

Les communications entre Paris et Londres sont assurées dans chaque sens, par quatre services rapides, savoir :

Par **Calais** et **Douvres**

Les départs de Paris ont lieu à 8 h. 20' et 11 h. du matin (1re et 2e classes), et à 7 h. 45' du soir (1re classe seulement), et les arrivées à Londres à 5 h. 7 h. 23' du soir et 6 h. 13' du matin.

Les départs de Londres sont fixés à 7 h. 55' et 10 h. 55' du matin (1re et 2e classes), et à 7 h. 55' du soir (1re classe seulement), et les arrivées à Paris à 5 h. 41', 7 h. 40' du soir et 5 h. 50' du matin.

Traversée maritime en 1 h. 1/2

Par **Boulogne** et **Folkestone**

Le départ de Paris a lieu à 9 h. 40' du matin (1re et 2e classes), et l'arrivée à Londres à 5 h. 40' du soir.

Le départ de Londres est fixé à 9 h. 40' du matin (1re et 2e classes), et l'arrivée à Paris à 5 h. 57' du soir.

Traversée maritime en 1 h. 40

Le Grand *Adée*, ou *fête des fétiches*, se célèbre avec la plus grande pompe chaque année et dure plusieurs jours. Ces assises de sang se tiennent à Coumassie, la ville de granit, capitale du royaume, et cité des hautes œuvres.

Les Fantis l'ont surnommée : la Ville-Rouge, ou la ville *Tuez-les-Tous*.

Ce jour-là, Coumassie étale aux yeux du peuple toutes ses richesses et ses splendeurs sauvages. Dès le matin, les femmes, les vieillards, les enfants de la cour et de la ville arborent leurs plus belles toilettes. Les balafons, les olifans, les grelots et les tambours résonnent de tous côtés; les fétiches du roi, de la ville, des particuliers sont étalés dans des reposoirs sous les regards dévots et craintifs de la foule grouillante.

Apparaît tout à coup le cortège royal, avec les porteurs d'amulettes et de talismans, de parasols sacrés, d'éventails frangés d'or et d'argent, d'épées étincelantes, de queues de zèbres semées de pierreries, de panaches gigantesques, de plumes éblouissantes, de figurines de bois doré, de miroirs et de chapelets bizarres, d'animaux empaillés. On croirait assister à quelque procession des bords du Nil, au temps des Pharaons.

Il est une chose, en effet, qui étonne et qui frappe chez les Achantis : c'est la pompe de leur culte, la splendeur de leurs fêtes barbares, la grandeur mystérieuse de leurs terrifiantes cérémonies.

Est-ce que cette pompe orientale ne serait pas comme un legs antique et une lointaine réminiscence de la civilisation de cette vieille Egypte où « tout était Dieu excepté Dieu lui-même ? »

JARDIN ZOOLOGIQUE D'ACCLIMATATION

CHENIL

Le chenil du Jardin zoologique d'Acclimatation renferme une collection d'étalons et de lices destinés à la reproduction.

1° **Les produits** sont cédés, dans l'ordre des inscriptions prises d'avance, aux personnes qui en font la demande, verbalement ou par écrit, aux bureaux du Jardin zoologique d'Acclimatation (Porte des Sablons, Bois de Boulogne).

Les jeunes chiens sont livrés ou expédiés après le sevrage, à l'âge de six semaines environ, aux risques et périls de l'acheteur ou du destinataire.

Les prix sont ceux du catalogue à l'époque de la livraison et non à l'époque de l'inscription.

Les personnes inscrites ne sont pas tenues de prendre livraison des jeunes chiens qui leur sont proposés. L'inscription constitue simplement, à leur profit, un droit de préemption.

Les acceptations doivent parvenir à l'Administration dans les cinq jours qui suivent l'offre du jeune chien. Passé ce délai, les élèves sont offerts aux personnes dont les inscriptions suivent immédiatement.

2° **Les chiennes** expédiées de province pour être présentées aux étalons, doivent être envoyées *franco à domicile*, à l'adresse du Directeur du Jardin zoologique d'Acclimatation, dans de bonnes caisses.

Les lices sont remises, sans frais, aux gares de Paris et retournées à leurs propriétaires contre remboursement du prix de la saillie et des frais de pension. Ces frais de pension sont fixés à 0 fr. 50 par jour pour soins et nourriture.

3° **L'administration** prend également des chiens adultes EN PENSION (à raison de 0 fr. 50 par jour). Ces animaux sont envoyés à la succursale du Jardin d'Acclimatation (Ferme de Comtesse), près Meulan.

Les chiens d'appartement, les chiennes pleines, les chiens n'ayant pas atteint l'âge d'un an, et tous ceux dont l'état sanitaire ne paraîtrait pas satisfaisant au moment de la présentation, ne sont pas reçus en dépôt.

Est-ce qu'il n'y aurait pas une frappante analogie entre l'éclat des fêtes achanties et l'apparat religieux des Pharaons ?

Est-ce que, rayonnant à travers l'Afrique, la civilisation égyptienne ne viendrait pas, après tant de siècles, se refléter encore aujourd'hui sur les bords du Volta ?

Ici, les bourreaux du palais à l'air farouche, à la carrure athlétique, vêtus de noir, coiffés de grands bonnets en peau de tigre. Là, les crieurs du palais en bonnet de peau de singe, annonçant, à grand fracas, la fête solennelle.

A côté du roi, la reine-mère ; derrière le dais, couvert de clochettes carillonnantes, les grands, les seigneurs, les princes. Sur le passage royal, un horizon de dos courbés, de corps prosternés, de têtes crépues, inclinées jusqu'à terre dans je ne sais quelle frémissante adoration.

Prière commune et beuglante aux fétiches impassibles, acclamations féroces et danses extravagantes jusqu'à extinction de souffle. Puis, sur un signal du roi, massacre en grand des criminels, des prisonniers de guerre, des premiers venus désignés par le caprice du prince ou la fantaisie des *mollos*.

Bientôt, c'est un carnage affreux dans toute la ville inondée de sang, obstruée de cadavres, pavée de têtes hideuses : un tableau inénarrable, fantastique, inouï, dépassant toutes les limites de l'atrocité et de la folie.

Et de ce champ de meurtre, où l'on ne voit que des épées qui se lèvent et des têtes qui tombent, se dégagent des senteurs intolérables, âcres et suffocantes, parfum exécrable d'agonie et de mort !

JARDIN ZOOLOGIQUE D'ACCLIMATATION
DU BOIS DE BOULOGNE

LE LAIT

Du Jardin zoologique d'Acclimatation et du Pré-Catelan est produit par des vaches qui prennent l'air tous les jours. Ce lait livré, absolument pur, immédiatement après les traites, est spécialement recommandé par les médecins pour les malades, et les enfants élevés au biberon.

LE LAIT EST DISTRIBUÉ DANS PARIS
En vases cachetés (Plombés)

Le Matin de 6 h. 1/2 à 10 h. 1/2. Le Soir de 3 h. 1/2 à 6 h.

PRIX { 1 litre porté à domicile........... **1 fr.** »
{ 1/2 litre porté à domicile......... » **60**

Pour de plus grandes quantités traiter de gré à gré

Les commandes sont reçues dans les bureaux de la direction du Jardin zoologique d'Acclimatation, ou par correspondance, par télégrammes, cartes télégrammes ou **TÉLÉPHONE.**

Souvent le roi ordonne le martyre des victimes. Au lieu de les décapiter, les bourreaux les mutilent avec un art et un raffinement inouïs. Sur ces blessures, les enfants de la ville (cet âge est partout sans pitié), posent, en se réjouissant des contorsions des suppliciés, des charbons ardents, des cendres incandescentes, des fers rougis.

Et les pauvres mutilés, couverts des lazzis et des huées de la foule, viennent tressauter et danser de douleur devant le dais royal où les rires féroces et les vivats ironiques acclament leurs tortures !

Partout le sang ruisselle dans Coumassie transformée en échafaud. Aussi bien, on a donné à la plus grande rue de cette lugubre cité le sinistre nom de « rue Jamais sèche de sang. »

Tous ces cadavres seront dévorés par les vautours qui, déjà, planent et tourbillonnent sur le champ de fête avec des cris rauques, profilant sur le ciel leur bec impur, affamé de chair morte.

Puis, on fera bouillir les têtes des suppliciés pour en extraire les lambeaux de chair oubliés ou dédaignés des vautours, et, tous ces crânes formeront les hideux trophées de la barbarie africaine.

Ces terribles sacrifices humains se renouvellent avec la même ardeur sauvage à toutes les fêtes des Achantis, principalement à la *fête des ignames*.

La mort, c'est le mot d'ordre de ce peuple de supplices et de meurtres où l'on ne sera pas surpris de voir décroître la population, tranchée par la hache et le glaive, à chaque fête.

Pour un rien, on décapite, on égorge, on

CHEMINS DE FER

DE PARIS A LYON ET A LA MÉDITERRANÉE

VACANCES DE 1887

EXCURSIONS ET VOYAGES CIRCULAIRES

La Compagnie met à la disposition des voyageurs, à des prix extrêmement réduits, des billets de voyages circulaires *à itinéraires fixes,* comportant les parcours les plus variés en France et à l'étranger, lesquels sont, pour la plupart, délivrés toute l'année ainsi que des billets de voyages circulaires, *avec itinéraires tracés au gré des voyageurs,* qui sont délivrés du 20 juin au 15 octobre de chaque année et qui doivent comporter des circuits d'au moins 300 kilomètres, sur les deux réseaux réunis de P.-L.-M. et Est.

La durée de valadité (30, 45 et 60 jours) et la réduction (20 à 6 0/0) portant sur le prix de ces derniers billets, varient selon la longueur des parcours à effectuer.

Les renseignements les plus complets et les plus détaillés sur ces divers voyages circulaires et, et général, sur les facilités de toute nature que la Compagnie P.-L.-M. offre au public sous forme de billets directs, billets d'aller et retour, cartes d'abonnement, etc., sont contenus dans le Livret des voyages circulaires que cette Compagnie met en vente, **au prix de 0 fr. 50,** dans toutes les gares de son réseau, et, à Paris, dans ses nombreux bureaux succursales.

assomme. Si l'on verse de l'huile de palme dans la rue, c'est la mort ; si on casse un œuf, c'est la mort ; si on laisse tomber un régime de bananes, encore la mort.

Celui qui crache dans la ville ou qui éternue devant le palais du roi est décapité. Aussi n'y a-t-il rien de plus dangereux dans cette ville inhospitalière que d'être enrhumé du cerveau.....

Un trait remarquable et singulier caractérise l'Achanti, aussi dur à lui-même qu'implacable aux autres : c'est un dédain superbe de ces tortures horribles, un mépris souverain de la mort, une négation virile et farouche de la douleur humaine qui, pour eux, « n'est même pas un nom. »

Au milieu des plus atroces supplices, impassibles et toujours fiers, ils bravent le tourment, rejettent la prière et méprisent le pardon.

Devant mourir, ils meurent ; et, sans plainte, sans menace, sans pose, ils supportent, en silence stoïque, ces tortures odieuses qu'eux-mêmes n'hésiteraient pas à faire subir.

Sans doute, ce ne sont plus là les dévouements sublimes des martyrs de la Foi, de la Science et de la Patrie, jetant la guenille humaine aux quatre vents du triomphe d'un sentiment, d'un progrès, d'une idée, d'une espérance.

Mais elle est grande pourtant, cette hautaine insouciance de la douleur et de la vie ; elle fait des braves et des vaillants. La Foi, la Science et la Patrie font des martyrs et des héros.

Leur sang régénère et féconde le monde. Le sang des autres est bu par le sable des rues de Coumassie et ne désaltère que les vautours.

Eux aussi, les Gaulois, nos ancêtres, se riaient

de la mort et ne craignaient que la chute du ciel sur leurs têtes. Mais ils ne la défiaient pas d'un air farouche. Avec une crânerie charmante, ils jouaient leur vie libre dans un pari léger et payaient joyeusement.

Ils marchaient au supplice comme au combat, comme à la fête, souriant à la mort et l'abordant avec leur gaieté gauloise.

Tels sont les Achantis habitant un pays splendide et fécond, braves, énergiques, intelligents, industrieux, mais abrutis par le fétichisme et dégradés par la cruauté; se présentant, comme nous l'avons dit, dans l'histoire des peuples, les bras et les mains couverts de tant de sang que les fleuves africains ne sauraient le laver.

Mais un jour, écartant ces fétiches misérables d'une main souveraine, la Civilisation fera disparaître à jamais ces taches de la barbarie, comme des grains de poussière emportés par le vent.

FULBERT-DUMONTEIL.

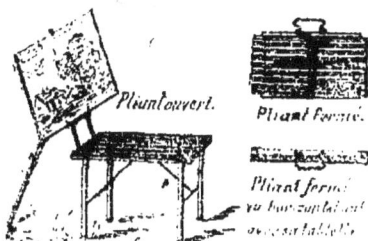

LAWN TENNIS

DES MEILLEURES FABRIQUES ANGLAISES

Nᵒˢ 0	Jeu complet pour Enfants.....	**35** fr.
— 1	— Fillettes.....	**50** »
— 2	— Jeunes Gens.	**70**ⁿ »

Nᵒˢ 3	Jeu complet grandeur moyenne.	**95** fr.
— 4	— très beau.........	**135** »
— 5	— riche et réglementaire	**160** »
— 6	— élégant, boîte chêne..	**195** »

WILLIAMS & Cⁱᴱ

PARIS. — 1, rue Caumartin, 1. — PARIS

Envoi franco du Catalogue sur demande

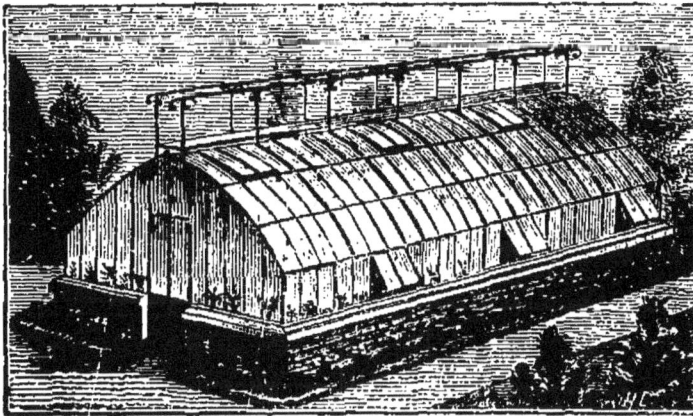

PALLET, Gérant de l'imprimerie DUBUISSON et Cᵉ,
rue Coq-Héron, 5, Paris. — 7384.

PRODUITS ALIMENTAIRES

CHOCOLATS

Vins & Spiritueux

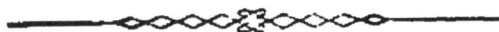

FÉLIX POTIN

Boulevard Sébastopol

101 & 103

PARIS

Demander

LE CATALOGUE

ON SE REND AU JARDIN D'ACCLIMATATION :

1º Par le **Chemin de Fer de Ceinture**, *départ toutes les 15 minutes de chaque gare*, et le **Chemin de Fer d'Auteuil** (*Gare St-Lazare*).

2º Par les **Omnibus** *de* l'**Hôtel de Ville** *à* la **Porte-Maillot**, *et de la* **Bourse à Passy**.

3º Par les **Tramways** *de* **La Villette**, *de* la **Rue Taitbout** *et de* **Montparnasse**, *qui correspondent à la* **Place de l'Étoile** *avec la ligne de* **Courbevoie** *et* **Suresnes**.

4º Par les **Voitures de Place**, *au prix du Tarif fixé par la Préfecture et indiqué sur le bulletin délivré au Voyageur*.

POUR NE PAYER QUE LE PRIX DE PARIS, IL FAUT QUITTER LA VOITURE AVANT DE PASSER LA BARRIÈRE

SE FAIRE DESCENDRE aux fortifications, à deux pas de la station du TRAMWAY-MINIATURE reliant le JARDIN D'ACCLIMATATION à la Porte-Maillot.

PREMIER DÉPART À 9 HEURES DU MATIN

Prix jusqu'à l'entrée du Jardin : 20 centimes

Pallet, gérant de l'Imprimerie Dubuisson et Cie, rue Coq-Héron, 4, Paris. — 1896.